Vokseværk

Digtsamling 1977 - 1983

Annette Dollard

Vokseværk

Forlag: BoD – Books on Demand, København, Danmark
Fremstilling: BoD - Books on Demand GmbH - Norder-
stedt, Tyskland
ISBN 9788771883817

Digtsamling 1977 – 1983

Indholdsfortegnelse:

Those Nights (1981)

I går, da jeg var ung (1981)

Ind imellem (1982)

Fugleperspektiv (1982)

Harmoni (1982)

Afterthoughts (1982)

Når (1982)

Valgmuligheder (1982)

Taking the long way home (1982)

Genklang (1982)

Rengøring (1982)

Livslyst (1982)

Growingpains 1 (1982)

Growingpains ll (1982)

Growingpains lll (1982)

Growingpains lV (1982)

Trust (1982)

Dyrebare Øjeblikke (1982)
Opdagelse (1982)

Like broken glass (1982)

Psykiatri (1983)

Fiskeri (1983)

Status Quo (1982)

Meningsudveksling (1983)

Dans for viderekommende (1983)

Natteravne (1983)

Dagbog (1983)

"Your body is made for Levis" (1983)

Balancekundst (1983)

Doctor Disputats (1983)

Dommen

Måske jeg en dag ved
hvad det er jeg virkelig mener
når jeg fortæller dig
at jeg elsker dig

Måske ikke

Indtil den dag
vil jeg lade tvivlen
komme offeret til gode

Men derfor kan vi vel godt ses
alligevel

Mandag

Hver gang jeg lukker døren for Virkeligheden
kommer den ind ad nøglehullet
Den blander sig med
smørret på mit morgenbrød
Danser gennem luften i takt med en sagte Blues
Hviler som dugperler i mit morgenfugtige hår
og brister min bobbel af nattens drømme

Virkeligheden maser sig på
Mænger sig blidt
eller svæver bare forbi

Det er mandag

"The Kick Inside"

Han så ind i hendes øjne
Så dybt ind i hendes pupiller
og følte
hvordan han sank dybere og dybere
ned i deres mørke afgrund
til han nåede ind i en verden
hun skjulte i sit indre
Det var en verden som for længe siden var ophørt
og som nu kun eksisterede i hende
Et tilflugtssted hvor hun
og kun hun
havde adgang til et univers af sorgløse minder
og drømmeagtige uvirkelige riger
Han stod på afstand og så længselsfuldt
på den skrøbelige bobbel
skabt af intakte illusioner han selv havde mistet
Han lukkede øjnene og drømte sig ind i boblen
Der hvor realiteter så ud som
fjerne udflydende masser
Hvor tiden var ophørt med at eksistere
for en evighed siden
Han holdt vejret af skræk
for at boblen skulle briste
En svag brise kærtegnede hans krop
og han følte lykken skylle over sig
i blide bølger

Da åbnede han øjnene og forstod
at boblen var for snæver
til også at rumme ham
og at den derfor var bristet
Han så atter ind i hendes øjne

Hun græd

Nuanceforskelle

At være anderledes
uden at være så anderledes
at man bliver interessant

At være forkert
uden at være så forkert
at man kunne danne skole

At være ung
uden at være så ung
at man kan give det skylden for alle sine fejltagelser

At være voksen
uden at være så voksen
at man betragtes som et selvstændigt individ

At være datter
uden at være så lig dem
at de kan genkende sig selv

At være mig
uden helt at være i stand
til at adskille min mening fra deres

Chanel no 16

Jeg er kold i min sjæl
skønt huden er varm
og panden er feberhed
Men i sindet isner angsten sig ind
og fryser min sikkerhed

Silluetter af drømme
og skygger af håb
bliver fjerne og svinder bort
Og en vished jeg aldrig har oplevet før
siger livet er svært og kort

Selv om løfter bliver glemt
og drømme er knust
så tror jeg stadig blindt
For i glemslens tåge jeg hylder mig ind
og støtter mig til et glimt

Som i gårsdagens rus
af latter og sang
og fristende lykkejagt
har jeg redet på stormen af minder dengang
og sætninger du har sagt

Anima

Brus og bobler
og ind imellem
stjernedrys og virkelighed
eventyr og hverdag
englesang og tænderskæren
forenet i grusom vellyd

Med koldblodig ømhed
har du dissekeret
bolte og jernrammer
Forceret tårne og spir
og banet dig vej
til du nåede min kerne

Bevæbnet med blidhed og tålmod
fletter du en sælsom evighedskrans
af tårer og latter
til jeg giver op
giver efter

Jordan

Hun står parat
bevæbnet med en iskold ro
og en glorie
af tornkranset sikkerhed
i korridoren mod kernen

Med et nik
giver hun signal til stormløb
Belejringen begynder

Tilbage står jeg
Usikker
Modfalden

"Men hvorfor, hvor længe, hvordan...?"
hvisker jeg
"Ingen kontraordrer!"
snerrer hun til svar

Armeen er posteret
omkring Underet
"Besættelse!" lyder ordren

Og jeg adlyder

Dagen Derpå

Du fletter
rosa kranse
af hengivenhed og hjerteblod

Og jeg ser på
i grænseløs beundring

Fængselstræet

Du siger du elsker mig?

Så må du også kende det "jeg"
som bestandigt dækker sig bag
mine glinsende smil
og dugfriske blikke

Du må vide
at der er en side af mig
som jeg beder til
at du aldrig må få at se

For måske vil det
skræmme dig bort
at også jeg er
Kold
Hård
Lunefuld
Selvisk
Egocentrisk
Og bange

Måske har du allerede set det
og er kommet mig i forkøbet
Måske har du fældet
mit Fængselstræ
Elsket det bort
og erstattet det med
morgenfriske skud af

Ømhed
Blidhed
Kærlighed

Og en lille angst

Dark Cafe Days

Those dark cafe days
where pretty people sit up empty
with their half-poured coldstained coffe cups
and burned out candles

I wish I was one

How I long for something expensive
´cause beer´s much better
At least it lasts longer
and you don´t have to worry
about it growing cold

Or even better: wine!
Oh how I long for a glass of dry….red….wine….

Just sitting here
Drooling for the sake
of some damned stupid useless dream
that I´m not even sure is mine
anymore

Nattefangst

Ildfuglen våger
over Neongudens skygger
Venter med vellyst
på sin nattefangst

Vindene blæser
klart gennemskueligt
blandt vågnende træer
og gammel angst

Med list og med latter
glider skyggerne sagte
Man våger og viger
for Natdyrets blik

I hulspejlet hvæsser
Hyænen sine tænder
før endnu et rov
Et stik

Konfrontation

Nu
løber arret skinnende
Tvedeler mit kranium
som en skæv skilning
En blonde af bitre erfaringer
over min glatragede isse
i hospitalshvidt og jordbærrødt
hvor nationalt

Du står forsigtigt inden for døren
Solbrun
Klarøjet
Smuk
Dine øjne viser din angst
Dit smil er tappert
og du ynker mig
fordi min hæslighed forstærker
din skønhed

Ensomhed

”Jeg elsker dig” sagde han
når ensomheden rasede i hans indre
og gjorde ham ydmyg

Og han vækkede hende på ny
Fik glasklare kilder til at flyde
som mælk og krystal

”Jeg elsker dig” svarede hun
når deres respektive desperationer
drev dem sammen

Men bagefter var der
Tomheden

Og Tomheden voksede
Tvang en kile imellem dem

Men hun var hos ham
og holdt ham
når ensomheden ydmygede ham

Hun holdt ham
vel vidende
at ensomheden kunne hun aldrig
tage fra ham

Those Nights

Candling your Yesterdays
can be bittersweet
But in this case
it´s just showing off the mess
we made of most things then
Drunk and fierce
and never noticing either of it
But we had our moments too
Sober times
Making memories
to treasure or reject
as years line up

Still, those were the nights
Holding on to nothing
Listening to Joni´s songs
in your arms
Frightened by those loose cuts
but thinking they would pass
Back then
where we made a fool of me

Spotting someone among
Friday-queue-strangers
doesn´t always pay off
Makes me rethink my buyings
and your leaving-smile

Cheap wine and fresh-fried Lovers
Thinking about you and me
and him
Not musch of a difference in me
I guess
but such a heck of a change
in you´s

Because now it´s these nights
Holding on to even less
Listening to Rickie Less´s songs
in his arms
Frightened by loose cuts
knowing how they hurt
And stil
making such a damned fool of me

I går da jeg var ung

(gendigtning af Charles Aznavour´s sang, "Yesterday when I was young.")

Hvorend jeg går hen
møder folk mig med smil
Og det, i sig selv, er en hel del værd
Jeg er god for en drink, et grin, et spil
Hvorend jeg går hen
er folk glade for jeg kom
Og livet jeg lever
Det synes jeg om
Det er musik og romance
glamour og vine
De smukkeste piger
Nogle af dem mine
Men ofte mødes mit blik af en anden slags skær

For i går da jeg var ung
var livet som en sød smag på min tunge
Jeg legede med livet som med et fjollet spil
som aftenbrisen leger med kærtelysets ild
De tusinder af drømme
var af en skødesløs mandag bygget som de var på lunefuldt sand
Jeg levede af natten
Skyede dagens nøgne skær
Først nu kan jeg se
hvad mit liv var værd

Ja, i går da jeg var ung
var drikkeviser pynten

på dagens trummerum
De flygtige glæder ventede mig i kø
Mit tågede blik så aldrig glæden dø

Jeg løb så stærkt at
Tid og Ungdom til sidst løb ud
og standsede aldrig op
for at se hvordan livet kan se ud
Alt hvad jeg talte om
Det husker jeg nu, trist
var mig, kun mig
Alt andet kom til sidst

I går, da var Månen blå
og hver en tosset dag
bragte nyt at tænke på
Jeg brugte min alder
som en Tryllestav
og ænsede aldrig Tomheden der lå bag

Jeg legede gennem livet
så stolt og arrogant
at intet blev tilbage
af de bånd jeg bandt
De venner som jeg mødte
forsvandt da det gjalt
og nu er jeg alene
ved scenens tæppefald

Der er så mange ord
jeg aldrig vil få sagt
På tungen smager tårerne bittert
og lidt salt

Nu er tiden kommet
Min gæld den føles tung
fra i går, da jeg var ung

Ind Imellem

Ind imellem
leger jeg
at jeg tror
du er bedre end du er
Men inderst inde
kender jeg dig
Og det bliver
min styrke
og
din frelse

Fugleperspektiv

Somme tider sætter jeg mig i min
rastløst knirkende lænestol
Svøbt i min blå strikfrakke
Også op over hovedet
Så sidder jeg der
under min himmelblå strik-hvælving
Det føles trygt
og kvælende
Jeg leger
jeg er mange små mennesker der går
Bevæger sig omkring på mit sorte bryst
Bevæger sig - lever
i det rette perspektiv
Oppefra
Nedefter
hvor de forsvinder
Snubler i min grå stribe
Drukner uanende
i mit mave-delta

Harmoni

Du
føles
så dejlig
mellem
mine
hænder

Afterthoughts

I don´t know
It´s always securing
knowing that somebody knows you well enough
to recognize your drawbacks and strong points
your hopes and fears
But all at the same time
it scares me
As if they possess a knowledge of me
that I don´t have
I don´t know
Maybe I will someday
On the other hand
I seem to have outgrown the phase in your life
where you believe in adultness as the time in your life
where answers to all mysteries
will be presented as a kind of ticket
To what!
I don´t know
Adultness
Maturity
It all seems rather vague
It´s no longer a sort of religion you can profess to
I´m not even sure if I´ll ever reach that state
or if it´s desirable
You seem to lose so much
To be forced to sell out of your earlier shells
The dreams you hid behind
The hopes you urged
I don´t know

Når

Når du ser på mig
får jeg lyst til
at drukne mig
på dybden af dit
Øjenhav

Valgmuligheder

Man burde gøre oprør
Rejse sig op på sine visioner
Smække med fortiden
Brage med nutiden
Slå med fremtiden
Eller måske hellere tage det ydmygt
Være en blid martyr
Sulte sig hulkindet
Gråmeleret
Interessant
Være venlig, men urokkelig
Og dog
Hvem vinder
Jeanne DÁrc eller Lady Madonna

Taking the long way home

På trods
På grund af
en lettere overdosis
Kantstensforskyder af den dyrere slags
fornemmer jeg ikke mørkets påtrængen
Jeg ser natcafeer med glinsende facader
kranset ind af sørgmuntre stemmer
Dyre damer med checkhæfte-smil
Fortravlede herrer med tilsvarende potens
danser kinddans langs det mørke fortorv
fanger mit 400 asa blik
Out- og Insidere slås om placeringen
i jet/slowsets
imens jeg fniser stjålent af beduggede spejlbilleder
Det er godt at være fire
når dine øjne følger mig hjem ad krogede omveje
Ser til at Hjemmets Trygge Havn
stiller noget blødt at lægge sig på til rådighed
og åbner sine senede arme
Selv for mig

Genklang

Du glemte kniven da du gik
Jeg ved det godt – andre fandt den sætning før mig
Men nu passer den her
For det er sandt
Du glemte kniven da du gik
Måske var det med vilje
Måske var det meningen at den skulle efterlades
som et vidnesbyrd
Et tegn
på din dyrtkøbte frihed
af mit letløbende hjerteblod
eller hvad sådan noget nu kaldes
når man helst ikke vil beskyldes for at være
en teatralsk romantiker
Men det var jo det den dryppede af
Kniven
Eller var det af
de bitre uudtalte beskyldninger
der anklagende sydede
ned ad den rest af karmen du lod stå tilbage
efter at have smækket med døren
Eller af dråber af galde
i de furer jeg fik lavet langs din mund
Sejlrender af kys og senere bid
Din mund
Jeg vil bare gerne have
du skal vide
at jeg stadig husker
Du glemte kniven da du gik

Rengøring

Jeg hader at gøre rent
Specielt støvsugning
Alene ordet: støv-sug-ning!
Hvilken hån mod ens kreative sans
Den tid der støv-sug-es bort
kunne bruges til utallige andre formål
som var mere
interessante
sjove
seriøse
helbredsforbedrende
samfundsfrelsende
Hvem har måske hørt om nogen
der reddede folk eller riger fra undergang
ved at tage støvsugeren frem i rette øjeblik
På den anden side var der vel ingen støvsugere i Atlantis....
Det er ikke kun det at ræse rundt med et brummende uhyre
der ser det som sin fornemste pligt
at æde isoleringen af nullermænd
Bare det at tage den frem kræver overkvindelige ressourcer
Så nu har et jævnt lag stædigt støv lagt sig over maskinen
som en raffineret hævn fra min side
Ind imellem kan jeg godt se
at NU skal det være
når mit 16 m2 opholdsrum
er reduceret til 12 m2
Hvis andre så har taget den frem
og stillet den lige uden for døren

med ledningen provokerende i kontakten
så må jeg vel kunne tage mig sammen
På den anden side
betyder det så at det er mig
der skal stille den på plads bagefter
hvilket er noget af det værste jeg ved
Det er en hån mod éns kreative sans
Den tid der bruges på at stille støvsugeren
på plads igen efter brug
kunne bruges til utallige andre formål
Så min bliver som regel luftet ret lang tid
når den endelig er taget frem
Indtil en barmhjertig sjæl
stiller den væk fra mit
i væmmelse bortvendte blik
Jeg hader at gøre rent

Livslyst

Silende regn
og en flaske Möet et Chandon
til deling
på en kold november-bænk
i ly
af en bolsjestribet paraply

Det er livet

Growingpains 1

It´s a painful process
Growing up
And if that is what I´m doing
I´ve got growingpains
all over my mind

I used to be cocooning in dreams
That has passed
Now I´m wombing in nightmares

Growingpains ll

You learn through pain
(how wise I must be)
There is no way you can learn through pleasure
Except pleasure itself
And how much is that worth
when pain is what surrounds you
day and night
Pain and sorrow is all around
I have reached a point
where I experience pleasure
through pain
Pain is the armor
The filter life itself
is sieved through
That filter has let
one piece of fact through:
People let you down
Not always deliberately
Not always out of malice
But they do
Bear that in mind
And you know what the scary thing is?
The more you expect people to let you down
the more they will
But what can you do about it
when you discovered that they let you down
long before you knew that
Eventually there will be a chance for you to be let down
And you

And they
grap it

Growingpains lll

I seem to produce
a constant stream
of Sadness
And when
for a couple of days
I feel good
the Sadness is piling up
which means
that when Happiness is over
I drown
in Pain

Growingpains lV

Love…..
Love my ass!
Yeah, well maybe that´s exactly
what´s wrong:
We shit on what´s supposed
to make the world go ´round
And still
we wait for the dizzy spells
It´s not that I mind
….. kind….. feelings
(as long as I´m not the exposed subject
or the one who´s supposed to flash ém, ha ha!)
It´s the novel-type romance
I can´t take
where you´ve waited all your life
for The One & Only
who melts into your arms
like soft ice
and later
leaves you with nothing
but the sticky feeling of heartache
when
after all
he turns out to be
Mr. Wrong
And she sits alone
with neat little teardrops
that won´t mess up her glossy complexion
Infatuation

That´s what it is
Infatuation and nothing else
That's okay I guess
if you take it for what it is
(and enjoy the ride or curse the spell)
but who does!
I mean
I´ve never heard about anyone
who didn´t have
a perverted need to go and blow it all
by promising Eternity on delivery

Trust

I trust you alright
To be a human being
That´s why
I´m never too sure
about you

Dyrebare Øjeblikke

"Today we know nothing
Tomorrow is so far away
You may be gone
It´s very hard to say……"

……og dit ansigt blev oplyst
af de gadelygter
vi rullede forbi
Vi var alene i bilen
du og jeg
Bortset fra katten på bagsædet
og Sanne Salomonsen i radioen
Men facit var det samme
Isolerede i hver sin tankebane
og med angsten uigennemtrængelig
som de glasruder
der adskiller taxichauffør og passager
Bortset fra at denne mur
ikke havde noget sindrigt højtalersystem
som mulighed for at bryde isolationen
og at jeg ikke vidste hvor kontakten
til at rulle angsten væk med
sad

Opdagelse

Kender du hende?
Nej
Det er mit spejlbillede

Like Broken Glass

A black-hearted
no-winged Angel
patrols her territory
by dawn
to find the landmarks
gone

Psykiatri

Og så er der forberedelserne til begravelsen
Hun er balsameret med honning
for at fremhæve hendes genskær
Sådan glinser Døden
inden forrådnelsen
Men kisten mangler og er endnu uvis
Mindestenen er allerede ridset
men det får være
Visse ville have foretrukket at hun blev brændt
og det ville uden tvivl have givet
en liflig honning duft
Men så var der jo problemet med balsameringen
som i givet fald havde været overflødig
Det kunne have været forudset og ordnet
Det ville naturligvis have sparet på ressourcerne
Men jeg stod fast ved honningen
Den klædte hendes teint
Det var slemt nok
at de tog livet af hende på den måde
Jeg mener
de kunne i det mindste
have rådført sig med mig først
Jeg var trods alt den der stod hende nærmest
"Til mit eget bedste" sagde de
også denne gang
Naturligvis vidste jeg bedre
Men jeg kunne dårligt protestere
når de allerede havde reserveret tid
Og så fik jeg jo også lov til at bestemme

det med balsameringen
Men alligevel
Når beslutningen endelig er taget
og hun sendes afsted
vil vi stå og se på
Animus og jeg
Depression mod depression
som en sidste respekt for Jordan
fra de sørgelige rester
Og jeg vil tænke på vores gravsten
og indskriften i sirlig skråskrift:
"Også denne gang
døde hun af en overdosis psykiatri"
Død
Vendt tilbage
til de frugtbare jorde
og dog lurende i støvet
Parat
til næste genopstandelse

Fiskeri

Det var sent
og vi sad alle sammen
på de vakkelvorne bænke
i det kolde rum
Og alt hvad jeg sagde
var adresseret til andre
Men i virkeligheden
henvendte jeg mig hele tiden
til ham
og ham alene
Jeg følte mig som en fisker
Jeg havde smidt krogen ud
og langsomt
langsomt
halede jeg nu ind
sætning for sætning
med bortvendt ansigt
for at aflede opmærksomheden

Status Quo

Jeg bor isoleret
bag mange tykke lag melankoli
I mit fængsel
tillades glæden sjældent
at trænge ind
Skulle det alligevel lykkes
for en enkelt stråle
at smutte upåagtet
gennem en sprække i panseret
lever den ikke længe
men overmandes med et nakkeskud sorg
Pakkes derefter ind i depression
og kasseres så som ubrugelig
for mit image

Meningsudveksling

Så gjorde du det igen
Trådte på mine bedste overbevisninger
Altså!
Kan du ikke se
at jeg godt vil være i fred
for dine ligtorne

Dans for viderekomne

Cha-cha-cha eller Jive
Eller noget andet
Jeg har aldrig været så stiv i andres danse
Næ
Jeg laver mine egne
selvkomponerede
der for de flestes vedkommende foregår
i en blanding af
søvngængeri og galop
Der er bestemt gået både
en Nurejev og en Disco Dronning
tabt i mig
for evigt
Det ser lidt underligt ud
spejlet i bunden
af sidemandens Bacardi
Men hva´så
De kan i hvert fald ikke beskylde mig for efterligninger

Natteravne

Det er lørdag
og jeg er træt
efter for mange tunge tanker
Jeg lader mig følge med strømmen
der ender foran Disco-Templet
med Neon og Tåger
og hvad der ellers måtte være oppe i tiden
De skærefaste tekno-rytmer
fungerer som fangarme ud i den kølige nat
Jeg lader mig fange ind
Næst efter ryt-mer-ne
er det røgen der er mest dominerende
Det er en formue i tørrede planter
der går op i røg her
sammen med de illusioner
der måtte have overlevet fredagen
Her er læder, blonde og glitter
garneret med
kohl, solarium og Pernod
i en hvileløs vanding mellem bar og danse-hul
Jeg ved godt hvad de søger
disse trætte blikke:
Copyright
Jeg ved også at det bliver svært at finde her
hvor utallige stilarters imitationer mødes
på dette Købers Marked
Mit blik følger endnu en aspirant
til Nattens Dronning
forsigtigt – af hensyn til Bacardién

vrikkende – af hensyn til imaget
bane sig vej gennem det
koncentreret hoppende publikum
Jeg tænker: én paillet mere
og den top kunne have været solgt som korset
På den anden side
Med den bar-gæld
kræves der vel noget til at stive
rygraden og udskæringen
af med

Dagbog

Strøtanker
i pulverform
på dåse uden etiket
Købt nede om hjørnet
hos den lokale Filosof
Solgt videre
til storbytakster
i lommebogs format

Your body is made for

Levi´s

Jeg ligner ikke en fotomodel
Det kan jeg godt leve med
ret længe ad gangen
Ind imellem sker det
at jeg får et anfald af spejlangst
og alligevel står foran et
det meste af tiden
imens jeg tænker
at med det spejlbillede
var det ikke dårligt
med en indsnævring af synsfeltet
I de perioder
strøer jeg appelsinskaller og æbleskrog som konfetti
hvorend jeg bevæger mig
og spiser hytteost og agurk
med en indædthed som ville have været
en ædlere sag værdig
På sådanne dage
udvider jeg min ateiler-trang
og inddrager køkkenregionerne
ved at klistre Jerry Hall & co op på køleskabet
Samtidig frasorterer jeg
med racistisk beslutsomhed
de i min omgangskreds
der vejer over 60 kg
I alt fald for en tid

Indtil banegården igen skifter sine
Levi´s plakater
ud med
Jägermeister reklamer

Balancekunst

Jeg er fire
Jeg er mange mennesker i et
Måske er det løsningen
At dividere sig selv
med antallet af konkurrerende stemninger
At uddeligere personlighedstræk til højre og venstre
og selv påtage sig rollen
som mavesårs-præget administrerende direktør
over dette virvar af ansatte
For mit vedkommende er der
Jordan – excentrikeren
der lever i sin egen verden
Som med fanatikerens ophøjede ro
går imod enhver gældende regel
og som med en hånlatter og et foragtende skuldertræk
ser på
Candy – den uskyldige og sukkersøde
der lader sig smigre
og altid gør som "man" skal
Hun kommer nu ikke så tit til orde
men bliver bremset af
Animus – den provokerende og vulgære
som med skrævende ben og løftet blik
dominerer alt og alle omkring sig
Jordan er af og til skrøbelig
fordi hun er en drømmer
Candy er sej
fordi hun har en ballast af dannelse
Animus er stærk

og knækker tit halsen på sin egen styrke
De har travlt
de tre
med at opbygge/nedbryde
den facade der holder det hele sammen
Men når de tørner sammen
hvilket uværgeligt sker
og imaget bliver lidt flosset
så er det altid mig
der får skylden

Doctor Disputats

Jeg læser Dychtwald og Downing
Lorenz og Morris
med imponerende appetit
Jeg lærer skam af det
F.eks sidder jeg ikke længere med benene over kors
uden at sende en samvittighedsplaget tanke
til Desmond Morris
Jeg gransker med lup skriften på konvolutten
inden jeg tør åbne den
Jeg viser mig heller ikke ude
hvis min snavsetøjskurv en dag har overladt mig valget
mellem sort og gråt
Jeg er også begyndt altid at have et spejl på mig
for det tilfældes skyld
at jeg skulle komme til at græde
så jeg kan konstatere
om størstedelen af tårerne falder fra højre eller venstre øje
Jeg mener
det er jo rart nok at vide
om man græder af sorg eller raseri
Mine venner får også gavn af min viden
Jeg kommer ikke længere sammen med dem
der har venstreskrå skrift
eller hvis G´er har usædvanlige former
Når jeg nu inviterer nye mennesker over
for at udfylde hullerne
har jeg overvejet at bede dem komme
iført skriftprøve og trikot
så jeg på deres kroppe kan læse

om deres moderbindinger og kriminelle tilbøjeligheder
og på den måde undgå misforståelser
Jeg har overvejet
at lade noget af al denne ekspertise
komme andre end mine nærmeste til gode
Jeg kunne åbne en klinik
for generte
pubertetsramte
og folk med hukommelsestab
I så fald
skulle mit visitkort bære indskriften:
"Ekspert i kropslæsning"
for at advare sagesløse om
at jeg læser kroppe som en åben bog
…..af James Joyce